MW01089478

Curso de Electrónica Automotriz 2
(Incluyendo lectura de diagramas eléctricos)

By
Mandy Concepcion

Curso 2 de Electricidad Automotriz y Diagramas

www.autodiagnosticsandpublishing.com

Made in the U.S.A.

Curso 2 de Electricidad Automotriz y Diagramas

Curso 2 de Electricidad Automotriz y Diagramas

Curso de Electrónica Automotriz 2
(Incluyendo lectura de diagramas eléctricos)

Tabla de Contenido

Curso 2 de Electricidad Automotriz y Diagramas

Curso de Electrónica Automotriz
(Curso numero 2)
(Incluyendo lectura de diagramas eléctricos)

Edition 4.0 Section 1– HRWD

Con el contenido creciente de electrónica en vehículos modernos, la necesidad de comprender y usar conceptos eléctricos y lectura de diagrama es importantísimo; tanto como el uso de los equipos. Aún mas, la lectura de diagrama eléctricos requiere un poco de conocimiento de electricidad y experiencia. Conociendo las leyes del flujo de electrones o electricidad usted poseerá la destreza necesaria para este tipo de diagnostico. El DVD que acompaña este libro es un complemento mas en este curso numero 1 de sistemas electrónicos automotrices. Suerte y disfrute.

www.autodiagnosticsandpublishing.com

Como Trabaja los Inyectores de Gasolina

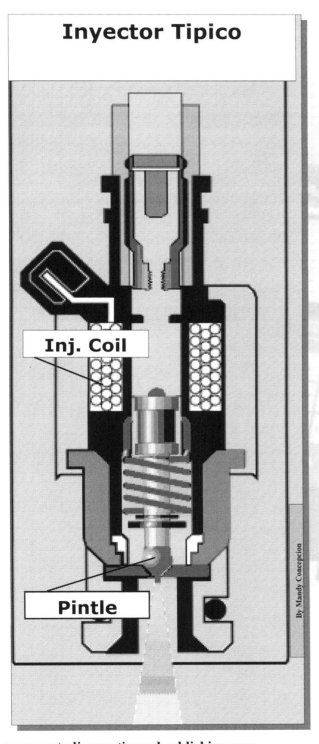

Inyector Tipico

Inj. Coil

Pintle

By Mandy Concepcion

Intentando mantenerse al ritmo de las emisiones y leyes de eficiencia del combustible, el sistema de combustible usado en los automóviles modernos ha cambiado dramáticamente durante los años. El 1990 Subaru Justy fue el último automóvil vendido en los Estados Unidos con un carburador; el siguiente modelo Justy, vino con combustible de inyección. Pero la inyección de combustible ha sido alrededor desde los años cincuenta, y la inyección de combustible electrónica se usó ampliamente en automóviles europeos que empiezan alrededor de 1974. Ahora, todos los automóviles vendidos en los Estados Unidos tienen el sistema de inyección combustible.

Un inyector de combustible es nada más que una válvula electrónicamente controlada, hecho a de un rollo interior y pinttle. Se proporciona con el combustible presurizado por la bomba de combustible en su automóvil, y es capaz de abrir y cerrar muchas veces por segundo.

Dentro de un inyector de combustible

Cuando al inyector se le da energía, un electroimán mueve un destupidor que abre el pintle, permitiendo la presión del combustible pasar a través de una boquilla diminuta. La boquilla se diseña para atomizar el combustible--para hacerlo lo mas fino posible, como una llovizna para que pueda quemar fácilmente. En cierto sentido, los inyectores de combustible son deber-ciclo controlado. En otros términos, el ECM o PCM varía la anchura del pulso negativa que controla la cantidad de combustible entregada al motor. Al probar los inyectores, la calidad del pulso conectado con tierra del ECM depende de la propia tierra del ECM. El pul-

so conectado con tierra es hecho por el manejo del inyector o transistor dentro del ECM. Como hemos dicho, la cantidad de combustible proporcionada al motor es determinada por la cantidad de tiempo que las estancias de inyector de combustible abren. Esto se llama la anchura del pulso, y se controla por el ECU. La mayoría del puerto-inyector dibujará un 900 MA nominal de corriente a través de sus bobinados. Es lo que se espera, pero no es comprobado al analizar los inyectores de TBI más viejos o los 1 o 2 inyectores grandes encima de la unidad del acelerador. Estos sistemas emplean los principios de mando actual llamado el Cresta-y-sostenimiento. Con P & H el conductor de ECM activa el inyector abierto a alta corriente primero, entonces reduce la corriente para mantener el inyector abierto para la duración del pulso. Aunque estas unidades ya no están usándose, es importante saber cómo ellos trabajan. Hay todavía muchos vehículos TBI en algunas áreas del país.

Módulos electrónicos y controles

Típicamente controles son más pequeños que sus colegas, el módulo más grande y más rápido. De hecho, los dos de estas unidades son considerados computadoras. Una computadora es cualquier dispositivo electrónico que se gobierna por una unidad del microprocesador y acepta los signos de la entrada, convertido estos signos, y entonces actúa en ellos. Simplemente los controles sirven para una función más especializada como controlar una bomba de

Mientras mas largo el pulso mas rápido la rotación del motor

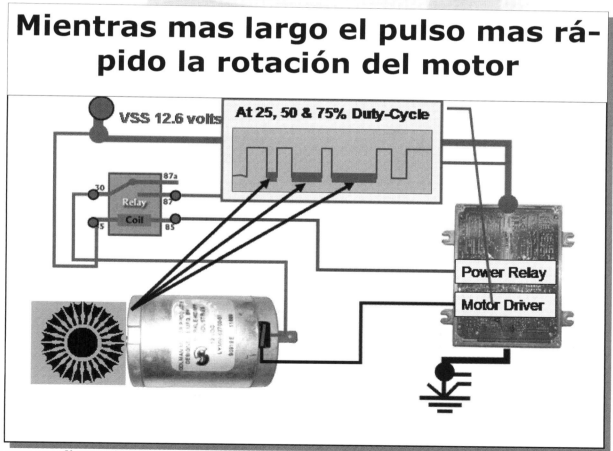

combustible, seguros eléctricos, los asientos eléctricos, etc. están integrándose Controles en las unidades de la red centralizadas a través de los más nuevos protocolos de la red como la CAN y LIN. El más nuevo protocolo de LIN realmente se presta mejor para la integración de procesadores más pequeños o controles. LIN es un protocolo que corre a una velocidad más lenta que CAN pero realmente se satisface bien

para las aplicaciones más mundanas, como los seguros eléctricos de puerta, asientos, mando de clima del AC, la iluminación interior, etc. para que algunos de estos LIN equipados con controles puedan usar LIN para la comunicación ínter modular y el Can para los diagnósticos del escáner. Esto no le es importante a usted, el técnico TODAVÍA, pero será en el futuro. La tendencia es

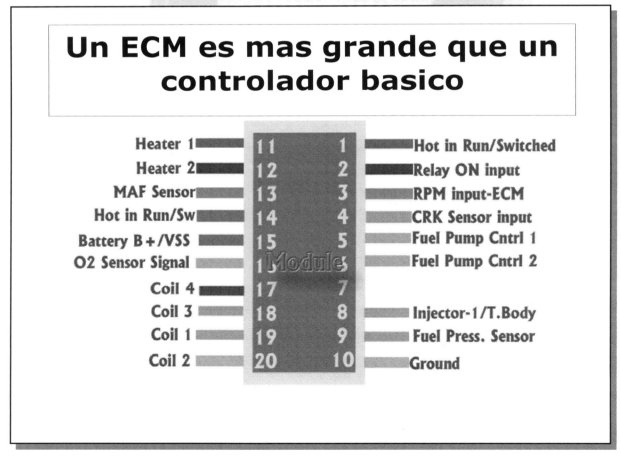

Un ECM es mas grande que un controlador basico

	Module	
Heater 1	11	1 Hot in Run/Switched
Heater 2	12	2 Relay ON input
MAF Sensor	13	3 RPM input-ECM
Hot in Run/Sw	14	4 CRK Sensor input
Battery B+/VSS	15	5 Fuel Pump Cntrl 1
O2 Sensor Signal	16	6 Fuel Pump Cntrl 2
Coil 4	17	7
Coil 3	18	8 Injector-1/T.Body
Coil 1	19	9 Fuel Press. Sensor
Coil 2	20	10 Ground

conectar una red de computadoras en cada actuador y censor en un vehículo. Así para esa materia, cada censor y actuador se harán un solo control. Cuando esto pasa, la pura cantidad de dispositivos que comunican en una red del vehículo será asombrosa. En este futuro cercano, técnicas usadas por la casa y los ingenieros de la red tendrán que ser empleados para los diagnósticos de automotores. Entonces se vuelve un problema de diagnosticar el tráfico de la red y no el trabajo necesariamente eléctrico. Por ejemplo, si un dispositivo esta mal funcionando, puede mandar informaciones malas que atará a la red y deja de funcionar normalmente. Analizando éstos modelos de trafico, será posible determinar cual módulo es el que esta mal funcionando. Pero éste es el futuro cercano, y usted debe prepararse aprendiendo a seguir los diagramas de la instalación eléctrica de hoy en día.

Normalmente se atan controles a otra computadora o sistema por una conexión del punto a punto o por una red. En el caso de este control de bomba de combustible, su propósito es variar la velocidad de la bomba de combustible para mantener el motor trabajando y proteger la bomba de los funcionamientos largos innecesarios. Así que estas unidades realizan una simple e identificada tarea y es normalmente fácil diagnosticar. Si el control de FP no está activando la bomba, entonces cuidado debe tenerse para determinar que si la falta es el control o la entrada de cualquier cosa que está alimentando esta unidad. Siempre verifique su poder y entradas de tierra y entonces proceda a determinar si el control está recibiendo las entradas que le permiten trabajar propiamente. Si éste es el caso, entonces proceda a probar las salidas. La pura cantidad de unidades de controles diferentes del mercado hace imposible de cubrirlos todos. La noticia buena es que ellos todos trabajan más o menos lo mismo.

Los módulos por otro lado, controlan los sistemas enteros como el motor, transmisión, cuerpo, ABS, etc. UN módulo acepta un número más grande de entradas y los procesa para realizar MUCHAS tareas diferentes. Un ECM por ejemplo, controla los inyectores, la velocidad ociosa, el tiempo de la ignición, el flujo de la purga, etc. El principio de diagnosticar el control o el módulo es algo similar, sólo recuerda que los módulos son mucho más complicados. También al diagnosticar los módulos, el recorrido de los datos es muy importante. Qué censor tiene influencia en qué actuador y qué actuador produce una señal de salida i por cual censores. Por ejem-

plo el censor de O2 registra una pobre cantidad, el ECM aumenta la pulsación, y el O2 registra una cantidad más rica. Estas relaciones deben recordarse en todo momento al diagnosticar los sistemas de la computadora, si SRS, ECM, ABS, TCM o cualquier otro de los muchos sistemas encontrados en los vehículos modernos. La diferencia entre el recorrido actual y el recorrido de los datos tiene que ser tenido en cuenta al leer los diagramas de la instalación eléctrica. La corriente puede fluir del negativo al positivo, pero el verdadero recorrido de los datos es una cuestión completamente diferente. El análisis de recorrido de datos se hace para determinar qué módulos son responsables para qué signos. Si el censor de CRK se conecta directamente al ECM, entonces el ECM va transmitir o mandar este signo a los otros módulos que pueden necesitarlo. En caso de una falta con el CRK o RPM parámetro o PID, el

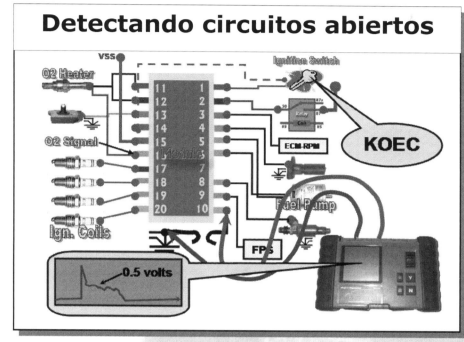

Detectando circuitos abiertos

técnico debe de seguir este recorrido de datos y determinar qué módulo está en la falta.

Una variedad ancha de técnicas se usa para diagnosticar los módulos y determinar la diferente corriente y recorridos de los datos. Por la mayor parte, la habilidad de usar la corriente o prueba de clamp-on Amp alerta-adelante es muy útil para determinar la diferencia del

recorrido de la corriente en un circuito. El osciloscopio o GMM se usa para datos o diagnósticos de recorrido de signo. Y además, el escáner sigue siendo la herramienta más mejor para determinar si un signo particular está alcanzando un módulo específico. La habilidad de su herramienta de escáner de poder ir más dentro en el OEM pruebas específicas es de gran importancia rastreando los recorridos de los datos en un sistema automotor. Un ejemplo está con sistemas de Chrysler que son muy conectados a una red de computadoras. El escáner del OEM para esta marca, el DRB III o Starscan tiene la habilidad de rastrear los recorridos de los datos de la RPM, Interruptor Neutro, y unos cuantos censores e interruptores encima de la red. En caso que diga, la transmisión no está cambiando, una mirada simple a la transmisión PID determinará si el problema está en la red o el módulo. Características como esta hace el escáner OEM una valiosa herramienta diagnosticando los problemas del sistema de ejemplares viejos. Por la mayor parte, esta característica en el DRB III es también encontrado en algunos de los aftermarket escáner cuando viene a los sistemas de Chrysler. La parte más dura está en encontrar que herramienta tiene que y para cual fabricante.

Estrategia de Diagnostico Unificada

Edition 1.0 Section 2– HRWD

En esta segunda sección nos remontaremos en todo lo que se refiere a la lectura e interpretación de diagramas eléctricos automotrices. Cierta atenciones se le a sido prestada al flojo de datos y de electricidad. Al mismo tiempo es importante saber y entender la diferencia entre el diagnostico eléctrico y el diagnostico electrónico. Los conocimientos adquirido aquí le dará la habilidad de poder guiar su diagnostico correctamente.

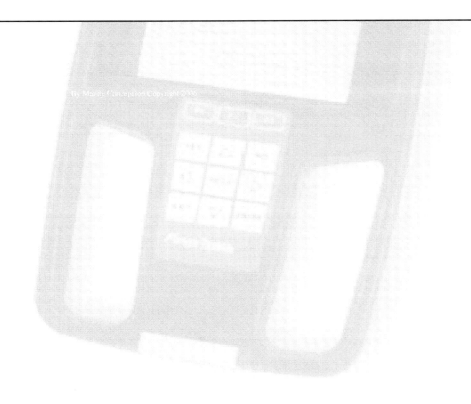

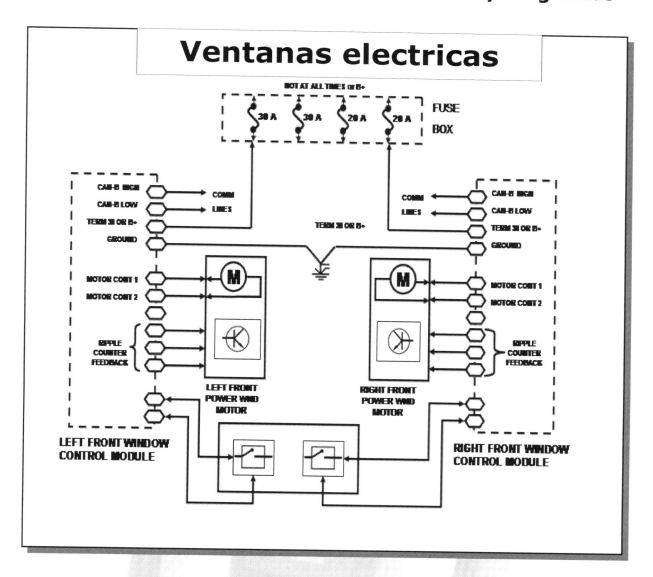

Circuito De Ventana Eléctrica

En este circuito de ventana eléctrica típico usted puede ver que la unidad de motor se maneja o es controlado por un control de ventana eléctrica. Éste es un escenario típico de un vehículo totalmente conectado a una red de computadoras modernas dónde el pulso del mando o datos están todos trabajando en el control o módulo del cuerpo. La corriente del mando se envía entonces a la unidad de motor para mover las ventanas hacia arriba i hacia abajo. La corriente no se desarrolla en el interruptor como en los sistemas más viejos. El uso de este tipo de plan es ahorrar los cables y hacer el sistema enjaece menos complejo. En este diseño nosotros podemos ver también el uso de un micro procesador de contador de onda. Este circuito está al cargo de contar el número de jorobas actuales u ondas cada vez el commutator del motor cruza los cepillos de carbono. Contando el número de giros del motor y velocidad, una determinación puede hacerse acerca de si el control de la ventana debe continuar el funcionamiento del motor o pararse cuando la ventana haya alcanzado la cima o el fondo. Todo esto se hace usando un pedazo de ingeniosidad y un poco de nueva tecnología, en lugar de a

través de un proceso mecánico. El fabricante ahorra el dinero en una unidad de regulador de ventana menos compleja y el sistema de la ventana del vehículo es más ligero en el peso. Recuerde que la mayoría de la nueva tecnología se maneja por la eficacia y la necesidad de hacer más combustible a los automóviles eficaz. Mientras menos alambres más ligero el vehículo.

Así para recapar el análisis del circuito de este sistema de ventana eléctrica, estos son los factores. El interruptor le dice la posición de la ventana deseada al control de la ventana, el control activa el motor, el circuito de RC de motor se da cuenta de la onda de motor y le dice al control, y el control re-ajusta la corriente de motor como corresponde. El recorrido actual es del negativo del control o tierra, a través de su transistor o controlador de dispositivo, a través del motor y al voltaje o lado del positivo del circuito. El recorrido de los DATOS es del interruptor (ON/OFF Pulse) y entonces la entrada del contador de la onda de motor al control. En caso que esta onda contador circuito funcione mal, el control de mando parara el motor pensando que la ventana ha alcanzado la cima o el fondo. Entonces el análisis correcto de este circuito es determinar si el control tiene todo su poder i tierras, entonces determinar si una entrada del interruptor está disponible. Si todo esto trabaja bien, entonces el control intentará activar el motor y verificar momentáneamente para una onda. Si el control ni siquiera intentara activar el motor, entonces probablemente está en la falta.

Como pensamiento final, tenga presente. Un contador de la onda defectuoso dará este sistema imperativo a causa que el control no sabe cuándo detener el motor.

Cierres accionados por electricidad

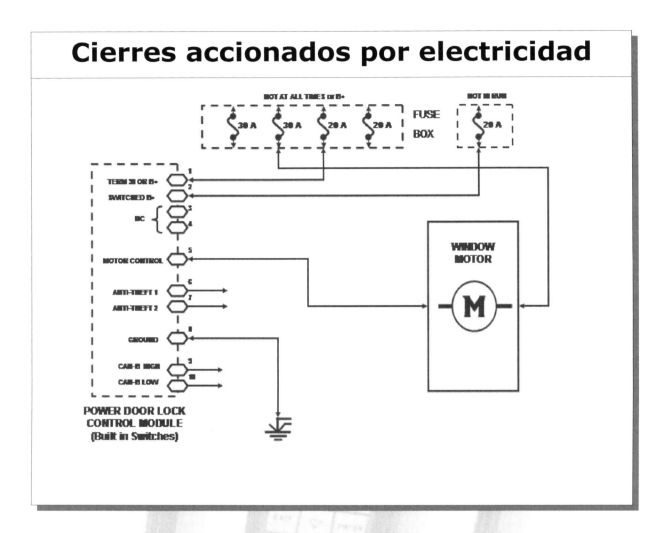

Seguros de puerta eléctricos

Esto es un simple pero moderno control circuito de seguro de puerta. El control simplemente lo regala. Es un sistema del mando de motor totalmente informatizado. Con poder la puerta cierra el actuador que en muchos casos es un motor, sólo se necesita un pulso para ser activado. El control cambia la polaridad (+ -, - +) para cambiar la dirección del actuador o si abrir o cerrar con llave la puerta. La idea es hacer el pulso lo mas largo posible para poder mover el mecanismo de la cerradura. Si el mecanismo esta oxidado o semi-bloqueado, la duración del pulso no será lo suficiente mente largo para mover la cerradura de la puerta.

El circuito a la derecha usa un control conectado a una red de computadoras para mover el actuador de cerradura de puerta. El propio módulo tiene los interruptores incorporados. Sin embargo, la activación de cerradura de puerta también puede ocurrir por un orden enviado del cuerpo o módulo de entrada sin llaves. Todos estos sistemas se integran totalmente y una falta con una unidad o sistema puede tener las repercusiones para el vehículo entero. Por ejemplo, si el módulo de cuerpo se cierra i tira la red abajo, las cerraduras de la puerta no pueden trabajar en absoluto. El sistema también puede trabajar con

un módulo del cuerpo separado y serie del interruptor. Si éste fuera el caso, los interruptores pueden alambrarse directamente al módulo del cuerpo o pueden conectarse una red de computadoras, como es el caso de algunos Nissans. Si probando un Nissan, dependiendo del año, la puerta e interruptores de la ventana no pueden pulsar una salida. La salida es una cantidad de datos que informa al IMVH o a módulo del cuerpo mover el componente respectivo.

Así para recapar el análisis para este circuito, flujos actuales de la tierra, al mando de control, a través del transistor del controlador de dispositivo serrado, al motor o actuador, y entonces al suministro de voltaje. El recorrido de los datos entre los interruptores y el control no se ve al hecho que están incorporados o juntos. Pero hay un intercambio de datos entre el interruptor de cerradura de puerta y el control. También pueden encontrarse los bits de los datos en los términos 9 y 10 del control. Ésta es la ventana del control en el resto de la red. Del cable dual las líneas CAN de la red de computadoras, el control de la cerradura pueden comunicarse con el cuerpo, antirrobo, y módulos de entrada sin llaves.

Una práctica buena cuando se diagnostica éstos conectadores de red de computadoras de sistemas del cuerpo es usar el escáner para realizar funciones del mando bidireccionales del actuador en duda. Primero, decidirá fuera la posibilidad que el propio actuador está en falta. Segundo, moviendo la cerradura de la puerta la viabilidad del control de

la cerradura puede demostrarse. Y tercero, también se demuestra que el recorrido de los datos está intacto. El mando bidireccional no puede poder determinar si el módulo antirrobo está enviando señales de los datos correctos, a menos que nosotros entremos en los datos de este módulo.

Un último punto para tener presente sobre diagnosticar los sistemas del cuerpo es que el uso de una herramienta de escan es muy importante. La mayoría del tiempo, la necesidad de diagnosticar estos sistemas es la razón porque nosotros los técnicos compramos un OEM más caro. Recuerde que esos escáneres del aftermarket siempre están mejorando, para que usted haga su propia investigación antes de hacer una compra.

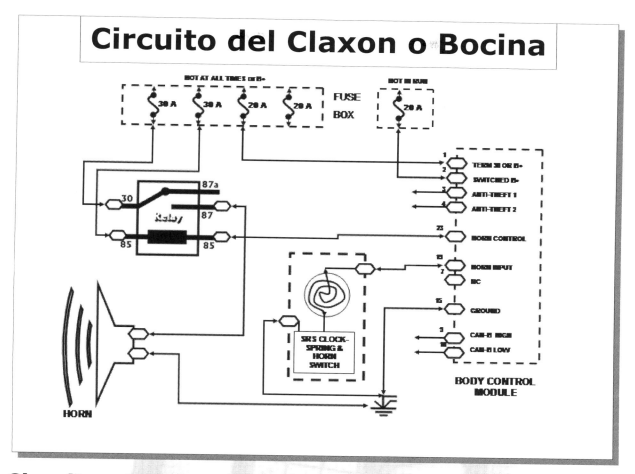

Circuitos del Claxon o Bocina

El circuito del claxon, aunque un dispositivo viejo, también está viendo mucha integración con la red. Los circuitos del claxon hoy en día son integrados en los antirrobo o sistemas del cuerpo. Antes, el claxon se activaba por un voltaje positivo del propio interruptor.

El claxon normalmente fue conectado con tierra y el pulso positivo completaría el circuito. Se colocan los más nuevos sistemas de una manera diferente. Por ejemplo, el propio pulso que actúa el claxon pasa por el reloj-muelle de SRS. El pulso es un signo actual bajo que activa la base de un transistor o como una entrada al procesador del módulo. Cada vez usted presiona en el interruptor del claxon, el módulo respectivo sólo consigue un pulso que indica que el controlador de dispositivo quiere que el claxon toque la bocina. El claxon también puede moverse por el módulo antirrobo siempre que la alarma se active.

En nuestro diagrama, el claxon recibe una carga positiva alimentada del claxon relay. El otro lado del claxon se conecta con tierra permanentemente al chasis. El controlador de dispositivo aprieta el interruptor del claxon y un pulso se envía al módulo del cuerpo a través del reloj-muelle de SRS, el módulo del cuerpo hace a una determinación mover o sonar el claxon a que tiempo activa la parada, y un pulso positivo se envía al claxon. El módulo del cuerpo no activa el

claxon directamente. El claxon se activa por la parada cuya es encendida por el módulo del cuerpo. El recorrido de los datos pasa cuando el claxon se activa por el módulo antirrobo, con tal de que este módulo no se integre en el propio módulo del cuerpo.

Como hemos dicho antes, el uso de una herramienta de escáner es importante para diagnosticar los sistemas del cuerpo. Realizando simplemente control del claxon relay vi-direccional, desconectándose junto para que no se descontrole, el sistema puede demostrarse inmediatamente. Si nosotros conseguimos la activación, entonces el recorrido de los datos ha sido probado. Entonces el único punto que queda es demostrar el recorrido actual. Saltando o ponteando la parada del claxon y escuchando nosotros podemos determinar si un problema del recorrido actual existe. Recuerde que el otro lado del circuito actual también es muy importante. Esto es claro, el lado de tierra que se ata directamente al chasis. Una manera más rápida de probar para esta tierra es usar una luz de la prueba conectada a la batería positivo y probando para la tierra en término 87 relay. La tierra puede verse a través del propio rollo del claxon al otro lado del circuito o término 87.

Hay muchas maneras de probar la corriente y recorridos de los datos. Este libro intenta dar al técnico ideas sobre las diferentes técnicas para usar. La experiencia y tiempo le harán un profesional.

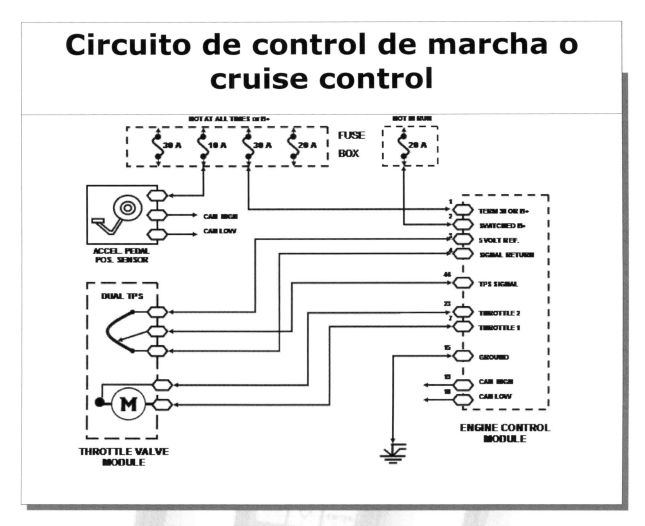

Circuito de control de marcha o cruise control

Sistemas de Mando de crucero

Los sistemas de mando de crucero modernos son incluidos en el sistema del manejar-por-cable. El sistema del manejar-por-cable es un sistema de aceleración de motor totalmente electrónico que emplea un motor eléctrico, censor de la posición del pie, TPS dual e instalación eléctrica relacionada. El módulo del acelerador simplemente está al cargo de mover el motor del acelerador para lograr la aceleración deseada. Este modo de funcionamiento se presta fácilmente a la integración del mando del crucero y el ECM o módulo del acelerador. El solenoide más viejo que activaba el crucero está descontinuado, reemplazándose por el DBW/Cruise Control totalmente integrado a la red. Dependiendo del fabricante, estos sistemas pueden venir combinados como una función del ECM como en algunos fabricantes Domésticos, o en los módulos separados como en los sistemas europeos. Sin tener en cuenta cual sistema, el funcionamiento es el mismo. El sistema de mando de crucero realmente esta puesto o programado en el ECM o en las tablas arriba del acelerador. Para que para cada milli-voltio de abertura de censor de posición del pie hay un motor del acelerador correspondiente o apertura de ángulo de acelerador. Combinando la actuación del acelerador del motor y los parámetros del censor de velocidad, el ECM puede

mantener una velocidad del crucero que satisface el deseo del chofer.

En nuestro circuito de la muestra, el ECM está al cargo de controlar el ángulo de plato de acelerador. El censor de la posición del pedal es una unidad totalmente conectada a una red de computadoras, y envía un arroyo de datos a través de las líneas de comunicación de CAN. El signo de PPS puede pensarse de como si se transmitiera a través de la red y puede recibirse por cualquier módulo que realmente está escuchando. La información de PPS o los datos pertenece al ECM que se usa para la actuación del acelerador. Cuando el PPS está deprimido, los datos del rendimiento cambiarán para reflejar el voltaje variante. Este dato del rendimiento no es un voltaje, más bien un arroyo de bits o los pulsos digitales. El dato digital codificado se lee y usó por el ECM y cualquier otro módulo aplicable. Al mismo tiempo, el ECM mira el TPS (dual o triple) como una regeneración de cuánto el acelerador está abriendo realmente. El TPS dual se usa como la redundancia o en caso de que uno de ellos falle. Combinando la regeneración de TPS, acelerador la actuación de motor, y datos de PPS, el sistema puede operar seguramente.

En este sistema particular, si el rendimiento de datos PPS cables están rotos, entonces el recorrido de los datos está en falta y el sistema se da inútil. De la misma manera, si el recorrido actual se desune debido a una falta de tierra o fuente de voltaje, la corriente no fluirá y el vehículo no acelerará. La lección en conectores de red de

computadoras o sistemas de datos manejado es probar o demostrar su recorrido actual (la tierra & VSS) entonces procede probar su circuito de los datos.

Motores de enfriamiento

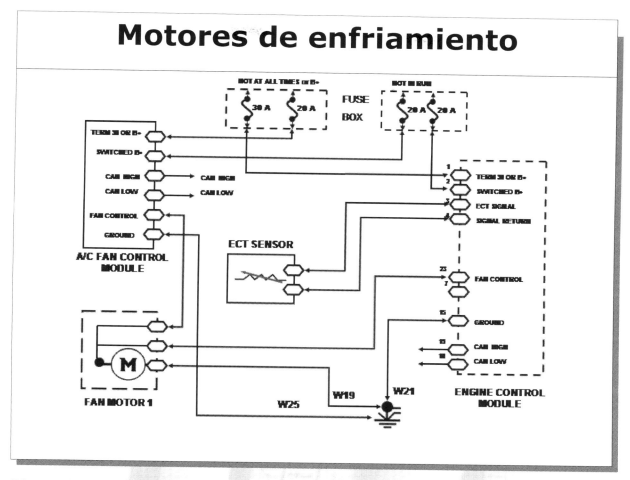

Circuito de Enfriamiento del Ventilador

El circuito de enfriamiento del ventilador se ata a menudo directamente al ECM. La razón es que el ECM es el procesador imponente principal en que activa el ventilador. El ECM también es unido al censor de ECT que se usa como una entrada de temperatura. Cuando intenta determinar quién se conecta a que, pregúntese esta pregunta; ¿Que módulo necesita esa señal mas que cualquier otro? Por ejemplo, el VSS o el censor de velocidad de vehículo están muchas veces conectadas directamente al TCM o módulo de la transmisión. Esto es debido al hecho que el TCM necesita este signo absolutamente para hacer el cambio. El signo de VSS también se usa por el ECM para refrenar inyección de combustible i medir el tiempo de la ignición, y por el módulo del cuerpo activar los seguros de la puerta con llave una vez que la velocidad ha aumentado más allá de un valor fijo. Sin embargo, el TCM puede tener la necesidad más alta por este signo, y transmite a su vez o transmite el signo encima de la red. El hecho es que el ingeniero de la programación hace mucho estas decisiones, a veces arbitrariamente. Cuando nosotros hemos explicado aquí muchas veces antes, la necesidad de ahorrar el peso usando menos cables es un beneficio agregado así como las guarniciones de la instalación eléctrica más simple.

En nuestra muestra del circuito, El recorrido actual para el motor del ventilador está del negativo en el chasis, a través del motor, al ECM y a través de su controlador de dispositivo, y entonces a la fuente de voltaje o positivo de la batería.

El recorrido de los datos por otro lado, es las líneas de comunicación entre el ECM y el modulo de control del A/C. Comunicándose con el modulo de control del A/C, el ECM puede hacer y puede entallar la inyección de combustible e ignición para acomodar la activación de embrague del compresor del A/C. Esto se necesita desde que el motor necesita aumentar su rendimiento de salida de poder cuando el embrague del compresor del A/C mete la patada. La enterrar-relación que tiene lugar entre los módulos y los sistemas es el recorrido que los futuros diagnósticos tomarán. La razón que nosotros mencionamos redes y recorridos de los datos en esta serie tantas veces es para preparar al técnico para los sistemas de hoy en día y para un futuro cercano. La tendencia es conectar una red de computadoras a todos los censores y accionadores independientemente a lo largo del vehículo entero. Simplemente corriendo un poder, tierra, y un o dos cables de la red cada uno de los componentes podrán comunicarse entre sí. Como el micro-circuito de comunicación de red disminuye en el precio, estos sistemas despacio pero ciertamente seguros encuentran su manera en el futuro así como en los sistemas de vehículo del mañana. Esta tecnología ya existe, y es sólo una cuestión de tiempo hasta que un sistema completo de red de computadoras entre en su

tienda.

Notes

Notes

Notes

Notes

Made in the USA
Monee, IL
31 January 2023

26819675R00022